Hôtel Camoëns

Place Saint-Germain-des-Prés, 4

PARIS

IMPRIMERIE CHROMOTYPOGRAPHIQUE

A.-E. ROCHETTE & Cie

22, Rue d'Assas, 22

LES
TABLETTES PARISIENNES

PORTEFEULLE

DU

Voyageur dans Paris

PARISIAN POCKET BOOK

Portfolio of the Traveller in Paris

PARISER BRIEFTASCHEN

Handbuch für die Reisende in Paris

TABLILLAS PARISIENSES

Cartera de los Viajeros en Paris

CANHÊNHO PARIZIÊNSE

Cartêira dos Viajantes em Pariz

PARIS

IMPRIMERIE A.-E ROCHETTE & Cie

22, rue d'Assas, faubourg Saint-Germain.

1860

Guide Industriel

INDUSTRIAL GUIDE — GUIA INDUSTRIAL

Gewerbleitfaden

PARFUMERIE FINE ET HYGIÉNIQUE

83, Rue Richelieu, 83

—

MAISON **LABOULÉE**

Successeur **B. FAGUER,** anc. Pharmacien

Inventeur breveté d'Articles spéciaux pour la toilette

—

GANTS, ÉVENTAILS, SACHETS

Caves à Odeurs, Brosseries, etc.

Rue Taranne, 14, à Paris

—

BOYER

—

EAU DE MÉLISSE DES CARMES

CONTRE L'APOPLEXIE, etc.

Toutes les autres eaux de mélisse ne sont que des *contrefaçons*,
sinon *nuisibles*, *inertes* du moins.

vis

---

Les **TABLETTES PARISIENNES** renferment, sous un format portatif, tous les renseignements nécessaires au Voyageur, tant pour visiter Paris que pour y faire ses emplettes.

Elles n'admettent dans leurs colonnes que les **Maisons** réellement de PREMIER ORDRE: aussi, en y voyant figurer un Établissement, **MM.** les Voyageurs doivent-ils trouver dans le fait même une garantie sérieuse de son importance & de sa supériorité.

En s'adressant aux Maisons que nous leur recommandons, ils sont donc sûrs d'être toujours traités par des Artistes qui ont acquis la plus grande, la plus réelle & la plus juste réputation dans chaque spécialité.

MAL DE MER

Le **MAL DE MER** remonte aux premiers navigateurs ; les savants de tous les siècles et de tous les pays en ont vainement cherché le remède : à la France appartient l'honneur d'une si précieuse découverte. Le docteur Achille HOFFMANN, que la difficulté ne décourage jamais, est l'*auteur* d'une *liqueur agréable* dont une seule dose suffit pour préserver de cette affreuse souffrance. Afin de donner une garantie complète, même aux plus incrédules, il n'a pas hésité à y attacher son nom.

Prix de la bouteille : 10 fr. **MAISON FLON**, *rue Taitbout, 28, à Paris.*

MONUMENTS PUBLICS

—

MUSÉE DU LOUVRE. — Ouvert tous les jours, excepté le Lundi, de 10 heures à 4.

MUSÉE DU LUXEMBOURG. — Ouvert tous les jours, excepté le Lundi, de 11 heures à 4.

MUSÉE D'ARTILLERIE. — Place Saint-Thomas-d'Aquin. — Visible les Jeudi avec un billet du Directeur ou un passeport.

MUSÉE ET HOTEL DE CLUNY. — THERMES DE JULIEN. — Ouvert au Public le Dimanche de 10 heures à 2. — Les Mercredi, Jeudi et Vendredi avec un billet du Directeur ou un passeport.

MUSÉUM D'HISTOIRE NATURELLE. — Jardin des Plantes. — Ouvert au Public les Mardi, Jeudi et Dimanche, de 2 heures à 5. — Les Mardi, Jeudi et Samedi, de 11 heures à 2 avec un billet ou un passeport.

HOTEL DES MONNAIES. — Quai Conti. — Mardi et Vendredi, de midi à 3 heures. — Les Ateliers sont visibles les mêmes jours de 10 à 1 heure, avec une permission du Président de la Commission des Monnaies.

CONSERVATOIRE DES ARTS ET MÉTIERS. — Rue Saint-Martin, 292. — Ouvert les Jeudi et Dimanche, de 10 heures à 4.

BIBLIOTHÈQUE IMPÉRIALE. — Rue Richelieu, 56. — Ouverte les Mardi et Vendredi, de 10 heures à 3.

BIBLIOTHÈQUE SAINTE-GENEVIÈVE. — Place du Panthéon. — Ouverte tous les jours, de 10 heures à 3, excepté le Dimanche.

BIBLIOTHÈQUE MAZARINE. — Quai Conti, 23. — Ouverte tous les jours, excepté le Dimanche, de 10 heures à 3.

Nouvelles CHEMISES Brevetées

NATURE DES BREVETS :

1° La Chemise sans Boutons ;
2° L'Empêchement de la Rupture des Plis ;
3° Les nouvelles **Manchettes à Parementures**, de formes diverses.

Ces trois systèmes réunissent :
    Le Perfectionnement,
    L'Élégance,
    L'Économie.

Levy Neyman

SEUL INVENTEUR

25, Place Vendôme, 25

BIBLIOTHÈQUE DE L'ARSENAL. — Ouverte tous les
    jours, excepté le Dimanche, de 10 heures à 3.
HOTEL DES INVALIDES. — Tous les jours. — On peut
    visiter les Plans, du 1er Mai au 15 Juin avec
    un passeport.
TOMBEAU DE L'EMPEREUR, aux Invalides. — Visible
    le Lundi, de midi à 3 heures, et le Mardi avec
    un passeport.
LA SAINTE-CHAPELLE. — Tous les jours, avec un
    passeport ou une permission du Ministre
    d'État.
HOTEL-DE-VILLE. — Le Jeudi, avec un passeport ou
    un billet de M. le Préfet de la Seine.
PANTHÉON. — Église Sainte-Geneviève et les Caveaux.
    — Tous les jours.
PALAIS-DE-JUSTICE.
LA TOUR-SAINT-JACQUES.
L'ARC-DE-TRIOMPHE.   } Ouv. tous les jours.
LA COLONNE VENDOME.
LA COLONNE DE JUILLET.
   LES ÉGLISES de Notre-Dame, Saint-Sulpice, Saint-
Vincent-de-Paul et leurs Tours, la Madeleine, Notre-
Dame-de-Lorette, Saint-Germain-des-Prés, Saint-Gervais,
Saint-Étienne-du-Mont et son Jubé, le Porche de Saint-
Merri, Saint-Séverin, Sainte-Clotilde, Saint-Germain-
l'Auxerrois, Saint-Eustache, Saint-Roch, etc.
PALAIS IMPÉRIAL DES TUILERIES. — Visible pendant
    l'absence de l'Empereur, avec un billet du
    gouverneur des Tuileries.
MANUFACTURE IMPÉRIALE DES GOBELINS. — 254,
    rue Mouffetard. — Ouvert les Mercredi et
    Samedi, de 2 heures à 4 en été, et de 1 à 3 en
    hiver, avec une permission du Ministre d'État
    ou du Directeur. Entrée publique le Jeudi.

—

PUBLIC EDIFICES

--

THE LOUVRE MUSEUM. — Open daily Monday's ex-
cepted, from 10 to 4.
THE LUXEMBOURG MUSEUM, and the Senators Palace.
Open daily from 11 to 4.
ARTILLERY MUSEUM. — Place Saint-Thomas-d'Aquin.
To be seen Thursday's with a ticket of te Di-
rector or a passport.
CLUNY MUSEUM AND HOTEL. — JULIAN'S THERMES. —
Open to the Public Sunday's from 10 to 4.
Wednesday's, Thursday's and Friday's with a
ticket of the Director or a passport.
MUSEUM OF NATURAL HISTORY. — ZOOLOGICAL GAR-
DEN. — Open to the Public, Tuesday's, Thurs-
day's and Sunday's from 2 to 5. Tuesday's,
Thursday's and Saturday's witch a ticket or a
passport from 11 to 2.
THE MINT. — Quai Conti. — Tuesday's and Friday's
from 12 to 3. The Workshops : the same days
with a permission of the Chairman of the Com-
mittee of the Mint, from 10 to 1.
CONSERVATORY OF ARTS AND TRADES. — Rue
Saint-Martin, 292. — Sunday's and Thursday's, from 10 to 4.
IMPERIAL LIBRARY. — Rue Richelieu, 56. — Tuesday's and Friday's, from 10 to 3.
LIBRARY OF SAINTE-GENEVIEVE. — Place du Panthéon. — Open daily from 10 to 3. Sunday's
excepted.
MAZARINE LIBRARY. — Quai Conti, 23. — Open daily
from 10 to 3. Sunday's excepted.
LIBRARY OF THE ARSENAL. — Open daily from 10
to 3. Sunday's excepted.

THE HOTEL OF THE INVALIDES. — Open daily. — The PLANS can be seen from the 1st of May till the 15th of June with a passport.

THE TOMB OF THE EMPEROR AT THE INVALIDES. — Monday's from 12 to 3, and Thursday's with a passport.

SAINTE-CHAPELLE. — Open daily with a permission of the Secretary of State or a passport.

HOTEL DE VILLE (TOWN HALL). — Thursday's with a passport or a permission of the Préfet de la Seine.

PANTHÉON. CHURCH OF SAINTE-GENEVIÈVE and the TOMBES. — Open daily.

THE PALACE OF JUSTICE
THE TOWER OF SAINT-JACQUES
THE TRIUMPHICAL ARCH   } Open daily.
THE VENDOME MONUMENT
THE JULY MONUMENT

The CHURCHES of Notre-Dame, Saint-Sulpice, Saint-Vincent-de-Paul and the Towers. La Madeleine, Notre-Dame-de-Lorette, Saint-Germain-des-Prés, Saint-Gervais, Saint-Étienne-du-Mont and its Jubé, the Porche of Saint-Merri, Saint-Séverin, Sainte-Clotilde, Saint-Germain-l'Auxerrois, Saint-Eustache, Saint-Roch, etc.

IMPERIAL PALACE OF THE TUILERIES, can be seen during the absence of the Emperor, with a ticket of the Director of the Palace.

IMPERIAL MANUFACTORY OF THE GOBELINS. — 254, rue Mouffetard. — Open Wednesday's and Saturday's, from 2 to 4 in Summer, and from 1 to 3 in Winter, with a ticket of the Secretary of State or of the Director. Public Thursday.

LEMONNIER

BIJOUTIER ET DESSINATEUR
EN CHEVEUX

Fournisseur breveté de LL. MM. Impériales

FRANCE ET BRÉSIL

10, Boulevard des Italiens, 10.

MAISON CHEVREUIL

9, BOULEVART DE LA MADELEINE, 9

Paris

CHAPEAUX ADHÉRENTS

Légèreté — Solidité

HAUTES NOUVEAUTÉS

POUR

DAMES ET ENFANTS

EDIFICIOS PUBLICOS

MUSEO DEL LOUVRE. — Abierto todos los dias excepto el Lúnes, desde las 10 hasta las 4.

MUSEO DEL LUXEMBOURG. — Todos los dias ménos el Lúnes, desde las 10 hasta las 3.

MUSEO DE ARTILLERIA. — Place Saint-Thomas-d'Aquin. Abierto el Juéves con un billete del Director ó un pasaporte.

MUSEO Y PALACIO DE CLUNY. — Termas de Juliano. — Abiertos el Domingo desde las 10 hasta las 4. Los Miércoles, Juéves y Viérnes con un billete del Director ó un pasaporte.

MUSEO DE HISTORIA NATURAL. — Jardin botánico. — Publico los Mártes, Juéves y Domingo, desde las 10 hasta las 4. Mártes, Juéves y Sábado con billete ó pasaporte, desde las 11 hasta las 2.

CASA DE MONEDAS. — Quai Conti. Abierto los Mártes y Viérnes, desde las 11 hasta las 3. — La Obrería, los mismos dias, desde las 10 hasta la 1, con un permiso del Presidente de la Comision de las Monedas.

CONSERVATORIO DE LOS ARTES Y OFICIOS. — Calle Saint-Martin, 292. Abierto los Juéves y Domingo, desde las 10 hasta las 4.

BIBLIOTECA IMPERIAL. — Calle Richelieu, 56. Abierto los Mártes y Viérnes, desde las 10 hasta las 3.

BIBLIOTECA SAINTE-GENEVIÈVE. — Plaza del Panthéon. Todos los dias, desde las 10 hasta las 3, excepto el Domingo.

BIBLIOTECA MAZARINE. — Quai Conti, 23. Lo mismo que arriba.

BIBLIOTECA DEL ARSENAL. — Al Arsenal. Id.

PALACIO DE LOS INVÁLIDOS. — Todos los dias. Los
    PLANOS se pueden ver desde 1º de Mayo hasta
    15º de Junio, con un pasaporte.
SEPULCRO DEL EMPERADOR. — Palacio de los Invá-
    lidos. Visible el Lúnes desde las 12 hasta las 3,
    y el Mártes con pasaporte.
LA SANTA CAPILLA. — Visible todos los dias con pa-
    saporte ó permiso del Ministro de Estado.
HOTEL-DE-VILLE. — Visible los Juéves con pasaporte ó
    billete del Prefecto del Sena.
PANTHEON. IGLESIA DE SAINTE-GENEVIEVE, y sus
    SEPULCROS. — Todos los dias.
PALACIO DE JUSTICIA
TORRE DE SAINT-JACQUES
ARCO DE TRIUNFO } Todos los dias.
COLUMNA VENDOME
COLUMNA DE JULIO

Las IGLESIAS de Notre-Dame, Saint-Sulpice, Saint-
Vincent-de-Paul y sus Torres, la Madeleine, Notre-
Dame-de-Lorette, Saint-Germain-des-Prés, Saint-Ger-
vais, Saint-Etienne-du-Mont y su Púlpito, el Pórtico de
Saint-Merri, Saint-Séverin, Sainte-Clotilde, Saint-Ger-
main-l'Auxerrois, Saint-Eustache, Saint-Roch, etc.

EL PALACIO IMPERIAL DES TUILERIES. — Puede verse
    durante el ausencia del Emperador, con per-
    miso del Gobernador del Palacio.
MANUFACTURA DE TAPIZ DES GOBELINS. — Calle
    Mouffetard, 254. — Abierta los Miércoles y
    Sabado, desde las 2 hasta las 4 en estío, y de
    1 a 3 en invierno, con permiso del Ministro de
    Estado ó del Director. Publico el Juéves.

AU SAUVAGE

MAISON JODON

34, Boulevart des Italiens, 34

HAUTES NOUVEAUTÉS

EN

Soiries, Lainages, Tissus de Fantaisie

Confections

ATELIER SPÉCIAL POUR LA CONFECTION DE ROBES

MONUMENTI PUBBLICI

—

MUSEO DEL LOUVRE. — Aperto tutti i giorni, meno
Lunedi, de 10 a 4 ore.
MUSEO DEL LUXEMBOURG. — Aperto tutti i giorni,
meno Lunedi, de 11 a 4 ore.
MUSEO D'ARTIGLIERA. — Place Saint-Thomas-d'A-
quin. — Aperto Jovedi, con un biglietto del
Direttore o un passaporto.
MUSEO E PALAZZO de CLUNY. — THERMES DE JULIEN.
Aperto Domenica, de 10 a 4 ore, Mercoledi,
Giovedi e Venerdi, con un biglietto del Direttore
o un passaporto.
MUSEO D'ISTORIA NATURALE. — JARDIN DES PLANTES.
Pubblico Martedi, Giovedi e Domenica, de 10
a 4 ore. Martedi, Giovedi e Sabato con biglietto
o passaporto.
PALAZZO DELLE MONETE. — Quai Conti. — Martedi,
e Venerdi, de 12 a 3 ore. I LAVORJ, i midesimi
giorni, de 10 a 1 ore, con un permesso del
Presidente della Commissione delle Monete.
CONSERVATORIO DELLE ARTE E PROFESSIONI. —
Rue Saint-Martin, 292. — Giovedi e Domenica,
de 10 a 4 ore.
BIBLIOTECA IMPERIALE. — Rue Richelieu, 56. —
Martedi et Venerdi, de 10 a 3 ore.
BIBLIOTECA SAINTE-GENEVIÈVE. — Place du Pan-
théon. — Tutti i giorni, meno Domenica, de
10 a 3 ore.
BIBLIOTECA MAZARINE. — Quai Conti, 23. — Id.
BIBLIOTECA DEL ARSENALE. — Al Arsenale. Id.
PALAZZO DEGLI INVALIDI. — Tutti i giorni. — I PLANI
sono a verdere del 1° Maggio al 15° Giugno
con un passaporto.

Il SEPULCRO DEL IMPERATORE. — Aux Invalides. —
    Lunedi, de 12 a 3 ore, Martedi, con passa-
    porto.
SANTA CAPPELLA. — Tutti i giorni, con un passaporto
    o un permesso del Ministro del Stato.
HOTEL-DE-VILLE. — Giovedi, con passaporto o biglietto
    del Prefetto della Senna.
PANTHÉON. — Chiesa Sainte-Geneviève, ed i suoi
    Sepulcri.
PALAZZO DE GIUSTIZIA
TORRE SAINT-JACQUES
ARCO DI TRIONFO   } Tutti i giorni
COLONNA VENDOME
COLONNA DI LUGLIO
    Le Chiese di Notre-Dame, Saint-Sulpice, Saint-Vin-
cent-de-Paul e le loro Torri, la Madeleine, Notre-Dame-
de-Lorette, Saint-Germain-des-Prés, Saint-Gervais, Saint-
Étienne-du-Mont ed il Jubè, la Porta di Saint-Merri,
Saint-Séverin, Sainte-Clotilde, Saint-Germain-l'Auxer-
rois, Saint-Eustache, Saint-Roch, ecc.
L'IMPERIALE PALAZZO DES TUILERIES. — E a vedere
    nell' assenza del Imperatore, con un permesso
    del Governatore del Palazzo.
FABRICA DE TAPPEZERIE DEI GOBELINS. — Rue
    Mouffetard, 254. — Aperto Mercoledi e Sabato,
    de 2 a 4 ore nell' estate, e de 1 a 3 ore nell'
    inverno, con un permesso del Ministro di Stato
    o del Direttore. Publico Giovedi.

ENVIRONS DE PARIS

Heures de Départ des Chemins de fer

BOIS DE BOULOGNE. — Rivière, Iles, Lac et Cascades. —
    Chemin de fer de l'Ouest, départs toutes les ¼ h.
COMPIÈGNE. — Résidence impériale, belle Forèt, Étang,

RENSEIGNEMENTS GÉNÉRAUX

—

CHEMISIER
LEVY NEYMAN.— Place Vendôme, 25.

ARTISTE DESSINATEUR & BIJOUTIER EN CHEVEUX
S. DENISOT — Passage du Saumon, 11.

FABRIQUE D'ÉVENTAILS
CH. AUBERY — Boulevart Saint-Denis, 20.

NATURALISTE PRÉPARATEUR
A. DEYROLLE — Spté pour l'Entomologie; ustensiles, collections, livres. — Rue de la Monnaie, 19.

ORFÉVRERIE
FROMENT MEURICE.— Rue Saint-Honoré, 372.

SPÉCIALITÉ POUR ENFANTS
TROUSSEAUX ET LAYETTES
CHARLIAT, succr de **MARINDAZ.** — R. St-Honoré, 416

TAILLEUR
CHEVREUIL.— Boulevart de la Madeleine, 9.

BRONZES D'ART & D'AMEUBLEMENT
E. GRAAT. — Boulevart de la Madeleine, 11.

LOCATIONS POUR APPARTEMENT. MEUBLES. BALS & SOIRÉES
CLAUDIN. — Rue Montaigne, 7.

PARFUMERIE FINE
FAGUER-LABOULÉE.— Rue Richelieu, 83.

BONNETTERIE, CHEMISERIE (English Spoken)
AU CARNAVAL DE VENISE.— Boul. de la Madeleine, 3.

ARMES DE CHASSE & REVOLWERS
LEPAGE-MOUTIER. — Rue Richelieu, 11.

Ruines du Château de Pierrefonds, Chasses et Courses de Chantilly. — Chemin de fer du Nord. Départs 7, 9, 12 20', 5, 8, 9, etc.

ENGHIEN ET SON LAC. — Forêt de Montmorency. — Chemin de fer du Nord. Dép. toutes les h. ½

FONTAINEBLEAU. — Château impérial, Forêt magnifique. — Chemin de fer de Lyon. Départs 8, 9 15', 11 30', 1 45', 3 45', 4 45', 5 45', 9 5'.

MEUDON. — Château et Bois. — Chemin de fer de Versailles, rive gauche. Départs aux heures juste.

SAINT-CLOUD. — Château impérial, beau Parc de Saint-Cloud et Ville-d'Avray, Grandes-Eaux de Saint-Cloud. — Chemin de fer de Versailles, rive droite. Départs toutes les heures et demie.

SAINT-DENIS. — Ancienne Basilique et Tombeaux des rois. — Chemin de fer du Nord. Départs toutes les heures et demie.

SAINT-GERMAIN. — Ancien Château royal, Forêt, grande Terrasse. — Chemin de fer de Saint-Germain conduisant à Asnières, Nanterre, Rueil, Chatou et Vésinet. Départs toutes les heures 35 minutes.

SÈVRES — Manufacture impériale de porcelaine, visible tous les jours avec un passeport ou un billet du Ministre d'État, Parc de Saint-Cloud. — Chemin de fer de Versailles, rive droite et rive gauche.

VERSAILLES. — Château royal, Parc, Musée, tous les jours, excepté le Lundi, Trianon.

Chemin de fer de la rive droite conduisant à Asnières, Courbevoie, Suresnes, Saint-Cloud, Ville-d'Avray, Viroflay. Dép. toutes les h. ½.

Chemin de fer de la rive gauche conduisant à Vanves, Clamart, Meudon, Bellevue, Sèvres, Chaville, Viroflay. Dép. aux h. (8, 9, 10, etc.).

Hours for Departing at the Railways.

BOIS DE BOULOGNE. — River, Isles, Lake and Waterfalls. Werstern Railway. Every 30 minutes.

COMPIÈGNE. — Imperial residence, beautiful Forest, Lakes, Ruins of the Pierrefonds's Castle, Hunts and Chases at Chantilly. — Northern railway. Dep. 7, 9, 12 20', 5, 8, 9, etc.

ENGHIEN AND ITS LAKE. — Forest of Montmorency. — Northern railway. Departure every half hour.

FONTAINEBLEAU. — Imperial résidence, magnificent Forest. — Railway to Lyon. Dep. 8, 9 15', 11 30', 1 45', 3 45', 4 45', 5 45', 9 5'.

MEUDON. — Palace and Wood. — Railway to Versailles, left bank departure every hour.

SAINT-CLOUD. — Imperial residence, beautiful Park of Saint-Cloud and Ville-d'Avray, Great Waters of Saint-Cloud. — Railway to Versailles, right bank. Every half hour.

SAINT-DENIS. — Ancient stately church and Tombs of the Kings. — Northern railw. Dep. every half hour.

SAINT-GERMAIN. — Ancient royal Palace, Forest, great Terrace. — Railway of Saint-Germain leading to Asnières, Nanterre, Rueil, Chatou and Vésinet. Dep. every hour 35 min.

SÈVRES. — Imperial Manufacture of porcelain, open daily with a passport or a ticket of the Secretary of State. Saint-Cloud, Park. — Railway to Versailles, right and left banks.

VERSAILLES. — Royal Palace, Park, Museum, open daily Monday's excepted, Trianon.
Railway of the right bank leading to Asnières, Courbevoie, Suresne, Saint-Cloud, Sèvres, Ville-d'Avray, Viroflay. Dep. every half hour.

Railway of the left bank leading to Vanves, Clamart, Meudon, Bellevue, Sèvres, Chaville, Viroflay. Dep. every just hour.

ALREDEDORES DE PARIS

Horas de Partida de los Ferrocarriles

BOIS DE BOULOGNE. — Rio, Islas, Lago y Cascadas. — Camino del Oeste. Partidas todos los 30 minutos.

COMPIEGNE. — Palacio imperial, Selva Bellisima. Ruinas del Castello de Pierrefonds, Cazas y Corridas de Chantilly. — Camino del Norte. Part. á las 7, 9, 12 20', 5, 8, 9.

ENGHIEN Y SU LAGO — Valle de Montmorency. Camino del Norte. Part. á todas las horas 1/2.

FONTAINEBLEAU. — Palacio imperial, Selva magnífica. — Camino de Lyon. Partidas á las 8, 9 15. 11 30', 1 45', 3 45', 4 45', 5 45', 9 5'.

MEUDON. — Palacio y Bosque. — Camino de Versailles, ribera izquierda. Part. á las horas precisas.

SAINT-CLOUD. — Palacio imperial, bello Parque de Saint-Cloud y Ville-d'Avray, Grandes-Aguas de Saint-Cloud. — Camino de Versailles, ribera derecha. Part. todas las horas y media.

SAINT-DENIS. — Antigua basílica y Sepulcros de los Reyes. — Camino del Norte. Part. á las h. 1/2.

SAINT-GERMAIN. — Antiguo real Palacio, Selva y grande Terrado. — Camino de Saint-Germain, conduciendo á Asnières, Nanterre, Rueil, Chatou, Vésinet. Part. á las horas y 35 minutos.

SEVRES. — Manufactura imperial de porcelana, abierta todos los dias con un pasaporte ó un permiso

del Ministro de Estado, Parque de Saint-Cloud.
— Camino de Versailles, ambas riberas.
VERSAILLES. — Palacio real, Parque, Museo abierto
todos los dias, excepto el Lúnes, Trianon.

Camino de la ribera derecha, conduciendo á
Asnières, Courbevoie, Suresnes, Saint-Cloud,
Ville-d'Avray, Sèvres, Viroflay. Part. todas las
horas y media.

Camino de la ribera izquierda, conduciendo
á Vanves, Clamart, Meudon, Bellevue, Sèvres,
Chaville, Viroflay. Part. todas las horas precisas.

CONTORNI DI PARIGI

—

Ore di Partenza dei Cammini di ferro

BOIS DE BOULOGNE. — Riviera, Isole, Lago e Cascate.
— Cammino del Ponente. Partenze tutte le 30
minute.
COMPIEGNE. — Palazzo imperiale, bella Selva, Lago,
Ruine del castello di Pierrefonds, Corse e
Caccie di Chantilly. — Cammino del Norte.
Part. 7, 9, 12 20', 5, 8, 9.
ENGHIEN ED IL SUO LAGO. — Selva di Montmorency.
— Cammino del Norte. Part. all' ore ½.
FONTAINEBLEAU. — Palazzo imperiale, magnifica
Selva. — Cammino di Lyon. Part. 8, 9 15',
11 30', 1 45', 3 45', 4 45', 5 45', 9 5'.
MEUDON. — Palazzo e Bosco. — Cammino di Versailles,
ripa sinistra. Part. all' ore precise.
SAINT-CLOUD. — Palazzo imperiale, bello Parco di
Saint-Cloud e Ville-d'Avray, Grande Acque di
Saint-Cloud. — Cammino di Versailles, ripa
destra. Partenze tutte ore e mezza.

SAINT-DENIS. — Antica Basilica e Sepolcri de' Rei. — Cammino del Norte. Part. tutte ore e mezza.

SAINT-GERMAIN — Antico reale Palazzo, Selva e grande Terrazzo. — Cammino di Saint-Germain, che conduce a Asnières, Nanterre, Rueil, Chatou, Vésinet, ecc. Part. all' ore e 35 min.

SÈVRES — Fabrica imperiale de porcellana, aperta tutti i giorni con un passaporto o un biglietto del Ministro di Stato, Parco di Saint-Cloud. — Cammino di Versailles, ripe destra e sinistra.

VERSAILLES. — Palazzo reale, Parco, Museo aperto tutti i giorni, eccetto Lunedi, Trianon.

Cammino della destra ripa, che conduce a Asnières, Courbevoie, Suresnes, Saint-Cloud, Ville-d'Avray, Sèvres, Viroflay e Versailles. Part. all' ore e mezza.

Cammino della sinistra ripa, che conduce a Vanves, Clamart, Meudon, Bellevue, Sèvres, Chaville, Viroflay. Part. all' ore precise.

UMGEBUNGEN VON PARIS

Abgangstunden der Eisenbahnen

BOIS DE BOULOGNE — Fluss, Inseln, See und Wasserfälle. — West-Eisenbahn. abg. alle 30 m.

COMPIEGNE. — Kaiserliche Residenz, schoner Wald, Weiher, Ruinen des Schlosses von Pierrefonds, Jagden und Ritte nach Chantilly. — Nord-Eisenb. 7, 9, 12 20', 5, 8, 9.

ENGHIEN UND ENGHIENSEE. — Wald von Montmorency. — Nord-Eisenb. abg.

FONTAINEBLEAU. — Kaiserliche Residenz, Prächtiger Wald, Weiher. — Eisenb. nach Lyon, abg. 5, 8. 9 15', 11 30', 1 45', 3 45', 4 45', 6 45', 9 5'.

MEUDON. — Schloss und Wald. — Eisenb. nach Versailles, linke Seite. Abg. alle Stunden.

SAINT-CLOUD. — Kaiserliche Residenz, schoner Lustwald von Saint-Cloud und Ville-d'Avray, Grossen Wasser in Saint-Cloud. — Eisenb. nach Versailles, rechte Seite, abg. alle Stunden und 30 m.

SAINT-DENIS — Alte Hauptirche und Grabmähler der Konige. — Nord-Eisenb. abg. alle Stunden und 30'.

SAINT-GERMAIN. — Alt Königlisch Schloss mit schonem Wald, grosse Terrasse. — Eisenb. nach Saint-Germain durch Asnières, Nanterre, Rueil, Chatou, Vésinet. Abg. alle Stunden und 35'.

SEVRES. — Kaiserliche Manufaktur von Porzellan, eröffnet täglich, ausser Sonntag, mit einer Erlaubniss oder mit einem Reisepass. — Eisenb. nach Versailles, rechte und linke Seite.

VERSAILLES. — Koniglische Residenz, Lustwald und Museum eröffnet täglich, ausser Montag, Grossen Wasser auf Versailles, Trianon.

Service divin	Divine service	Gottesdienst	Adresses
CULTE PROTESTANT ANGLAIS Egl. épiscop. (dim. à 11 et 3 h.).	ENGLISH EPISCOPAL CHAPEL Sunday's at 11 and 3.	ENGLISCHE BISCHOFLICHE KAPELLE Sontag 11 und 3 st.	Avenue Marbœuf, 10.
CHAPELLES ÉVANGÉLIQUES RÉFORMÉES Chapelle Taitbout. Dim. à 12 en français, à 3 h. en américain.	EVANGELIC REFORMED CHAPELS Taitbout Chapel. Sunday's at 12 in french. a 3 in american.	EVANGELISCHE REFORMISTE CULTUS Taitbout Kapelle. Sontag 12 st Französich. 3 st American.	Rue de Provence, 54.
Chapelle rue Saint-Honoré.	Chapel St-Honoré street.	Kapelle rue St-Honoré.	Rue St-Honoré, 157.
CULTE PROTESTANT CALVINISTE L'Oratoire. — Les dimanches à 11 h. 30 en français.	CALVINIST PROTESTANT The Oratoire. — Sunday's at 11 30 a m. en french.	CALVINIST PROTESTANT C. Oratoire. — Sontag 11 st 30 Französich.	Rue St-Honoré, 157.
Panthémont. Dim. à 11 h. 30 en français.	Pentemont. Sunday's at 11 30 a m. in french.	Pentemont. Sontag 11 st 30 Franz.	106, rue de Grenelle-St-Germ.
Chapelle de Batignolles.	Batignolles's Chapel.	Batignolles Kapelle.	38, boul. de Batignolles-Monc.
CHAPELLES LUTHÉRIENNES Église de la Rédemption. Dim. à 11 h. 30 en français.	LUTHERAN CHAPELS Church of the Redemption. Sunday's 11 30 a m. in french.	LUTHERISCH CULTUS Kirche der Erlosung. Sontag 11 st 30 Franz.	6, rue Chauchat.
Église des Billettes. Dim. à midi en français, à 2 h. en allemand.	Church at the Billettes. Sunday's at 12 in french. at 2 in german.	Kirch der Billettes. Sontag 12 st Franz, 2 st Deutsch.	16, rue des Billettes.
CULTE ISRAÉLITE ALLEMAND — PORTUGAIS	ISRAELIT DEUTSCH C. — PORTUGEESE	ISRAELITISCH CULTUS DEUTCH — PORTUGIESISCH	R. N.-D. de Naz. 23, r. Lamartine.

Ambassades	Embassies	Embajadas	Embaixadas	Adresses	ADMISSION
Angleterre	England	Inglaterra	Inglaterra	faubourg S-Honoré, 39	11 à 2 h.
Autriche	Austria	Austria	Austria	r. de Grenelle S.-G. 87	1 à 3
Bavière	Bavaria	Baviera	Baviera	rue d'Aguesseau, 15	1 à 3
Belgique	Belgium	Bélgica	Belgica	rue de la Pépinière, 97	12 à 2 ½
Brésil	Brasil	Brásil	Brasil	r. de la Pépinière, 106	12 à 3
Danemark	Denmark	Dinamarca	Dinamarca	r. de la Pépinière, 88	11 à 2
Espagne	Spain	España	Espanha	quai d'Orsay, 25	1 à 3
Etats-Romains	Roman States	Estados Roman.	Estados Roman.	r. de l'Université, 69	11 à 1
Etats-Unis	United States	Estados Unidos	Estados Unidos	rue Beaujon, 43	12 à 3
Grèce	Greece	Grecia	Grecia	faubourg S-Honoré, 64	12 à 3
Mexique	Mexico	Méjico	Mexico	rue Roquépine, 9	12 à 4
Naples	Napoli	Nápoles	Napoles	faub. St-Honoré, 47	1 à 3
Pays-Bas	Netherlands	Olanda	Holanda	rue Caumartin, 1	11 à 1
Portugal	Portugal	Portugal	Portugal	rue d'Astorg, 12	12 à 1 ½
Prusse	Prussia	Prusia	Prusia	rue de Lille, 78	12 à 1 ½
Russie	Russia	Rusia	Rusia	faub. St-Honoré, 33	12 à 2
Sardaigne	Sardinia	Cerdeña	Sardanha	r. S.-Dominiq-S-G 133	11 à 2
Saxe-Royale	Saxony	Sajonia	Saxonia	faub. St-Honoré, 170	11 à 3
Suède & Norwége	Sweden and Norway	Suecia y Nórvega	Suecia e Norvega	Anjou-St-Honoré, 74	9 à 2
Toscane	Tuscany	Toscana	Toscana	rue Caumartin, 31	12 à 2
Turquie	Turkey	Turquia	Turquia	rue de la Victoire, 44	2 à 3
Wurtemberg	Wurtemberg	Vurtemburgo	Vurtemburgo	rue Tronchet, 2	11 à 1

AUTRICHE.—Baron James de Rothschild, rue Laffite, 19.
BRESIL.—J. Maciel da Rocha, rue de Penthièvre, 19.
CHILI & RÉPUBLIQUE PÉRUVIENNE.—Marco-Delpont, rue
Saint-Lazare, 31.
CONFÉDÉRATION ARGENTINE.—Pablo Gil, rue Saint-
Georges, 23.
DANEMARCK.—Baron Delong, rue Richer, 26.
EQUATEUR (République de l').—Ad. Honegger, Cour des
Petites-Écuries, 7.
ESPAGNE.—Rubio de Pradas, rue Tronchet, 27.
ETATS-UNIS.—Henry-W. Spencer, rue de la Chaussée-
d'Antin, 36.
GRANDE-BRETAGNE.—Thomas Pickford, rue du Faubourg-
Saint-Honoré, 39.
HESSE-ÉLECTORALE.—Bleymuller, rue de Provence, 49.
MEXIQUE.—G. O'Brien, rue Mogador, 3.
NOUVELLE-GRENADE (République de la).—Édouard Ber-
trand, rue Hauteville, 35.
PARAGUAY (République du).—E.-A. Laplace, rue Saint-
André-des-Arts, 47.
PAYS-BAS.—Frédéric van den Broeck, rue d'Amster-
dam, 53.
PORTUGAL.—Baron, rue d'Amsterdam, 29.
SAXE.—Th. Albrecht, rue Basse-du-Rempart, 10.
SUEDE & NORWÉGE.—Jules Leroux, rue de Chaillot, 96.
TURQUIE.—Armand Donon, rue de la Victoire, 44.
VENEZUELA.—Jules Thirion, rue du Faubourg-Poisson-
nière, 32.

TARIF DES VOITURES
TARIF OF THE CARRIAGES
Tare den Wägen

Voitures de Remise.   Carriages of Remise
Remisewägen

Dans Paris, les Fortifications et le Bois de Boulogne

De 6 heures du matin à minuit 30, — la course, 2 francs.
         —   —   l'heure, 2 25

De minuit 30 à 6 heures du matin, la course, 2 50
         —   —   l'heure, 3 —

Hors des Fortifications :

De 6 heures du matin à 7 heures du
  soir en hiver et 9 en été,   l'heure, 2 50

Voitures de Place.   Carriages of Place
Platzwägen

Dans Paris, les Fortifications et le Bois de Boulogne

De 6 heures du matin à mi-
  nuit 30,   la course, 1 10, 1 25 et 1 40
            l'heure, 1 75, 2 fr.

De minuit 30 à 6 heures du
  matin,   la course, 2 fr.
            l'heure, 2 50

Hors des Fortifications :

De 6 heures du matin à
  7 heures du soir en hiver
  et 9 en été,   l'heure, 2 50

A LA CLOCHE D'OR

FRANCE   EXPORTATION

A. PRÉVOST

SUCC^r DE TEISSIER

Ex-Fournisseur breveté de S. M. l'Empereur Napoléon I.

FABRIQUE DE PARFUMERIE EXTRA-FINE & SAVONS

Pommade PRÉVOST anti-pelliculaire

Spécialité d'Éventails de luxe anciens & modernes

FLACONS DE POCHE ET CAVES A ODEURS

GANTERIE MANOTYPE

49, RUE DE RICHELIEU, 49

PARIS